Cats
OF THE
GREEK ISLANDS
DAYBOOK

HANS SILVESTER

THAMES AND HUDSON

January

1 AM   PM

2 AM   PM

3 AM Wark.   PM 2 30

4 AM   PM

5 AM   PM

6 AM   PM

7 AM   PM

8 AM   PM

9 AM   PM

January

10		
	AM	PM

11		
	AM	PM

12		
	AM	PM

13		
	AM	PM

January

14

AM · PM

15

AM · PM

16

AM · PM

17

AM · PM

January

I8

AM   PM

I9

AM   PM

20

AM   PM

2I

AM   PM

January

22

AM   PM

23

AM   PM

24

AM   PM

25

AM   PM

January

26   AM   PM

27   AM   PM

28   AM   PM

29   AM   PM   .

30   AM   PM

31   AM   PM

January

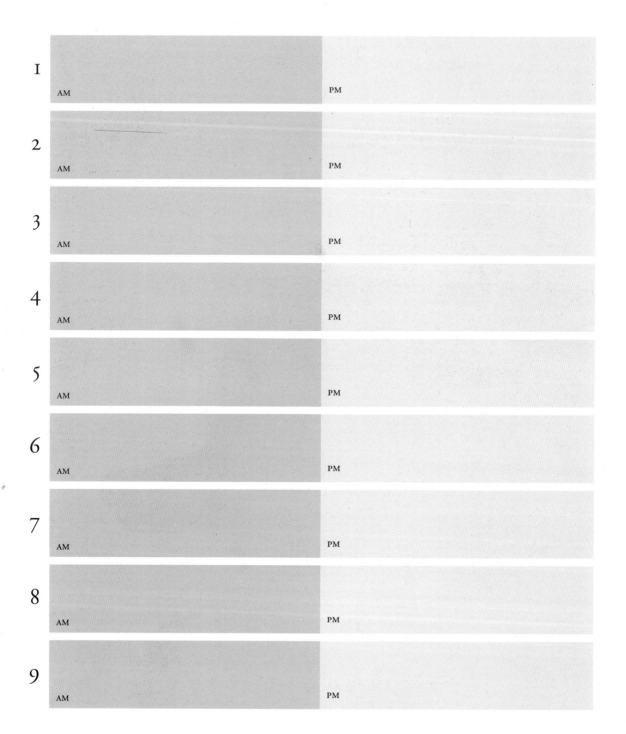

1

AM

PM

2

AM

PM

3

AM

PM

4

AM

PM

5

AM

PM

6

AM

PM

7

AM

PM

8

AM

PM

9

AM

PM

February

10

AM PM

11

AM PM

12

AM PM

13

AM PM

February

14
AM .... PM

15
AM .... PM

16
AM .... PM

17
AM .... PM

February

18

AM   PM

19

AM   PM

20

AM   PM

21

AM   PM

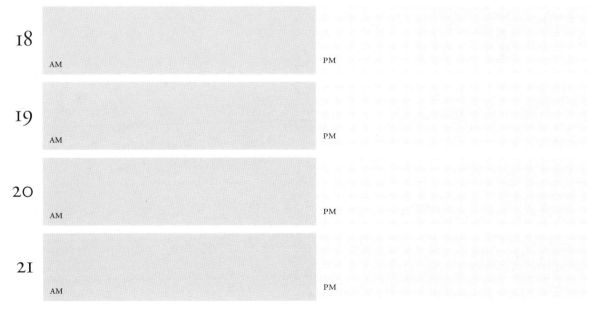

February

22

AM   PM

23

AM   PM

24

AM   PM

25

AM   PM

February

26
AM   PM

27
AM   PM

28
AM   PM

29
AM   PM

February

Notes

March

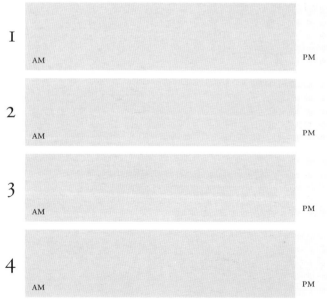

1

AM   PM

2

AM   PM

3

AM   PM

4

AM   PM

March

5

AM
PM

6

AM
PM

7

AM
PM

8

AM
PM

March

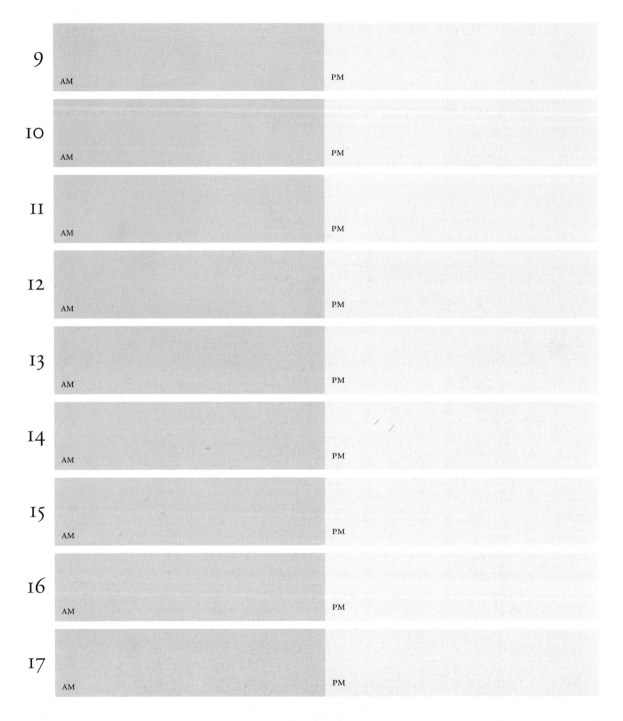

9

AM   PM

10

AM   PM

11

AM   PM

12

AM   PM

13

AM   PM

14

AM   PM

15

AM   PM

16

AM   PM

17

AM   PM

March

18   AM   PM

19   AM   PM

20   AM   PM

21   AM   PM

March

22
AM   PM

23
AM   PM

24
AM   PM

25
AM   PM

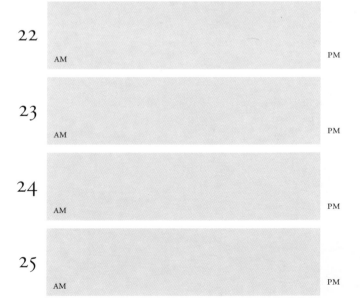

March

26

AM

PM

27

AM

PM

28

AM

PM

29

AM

PM

30

AM

PM

31

AM

PM

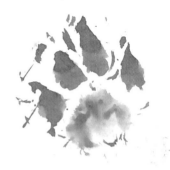

March

April

1

AM   PM

2

AM   PM

3

AM   PM

4

AM   PM

5

AM   PM

6

AM   PM

7

AM   PM

8

AM   PM

9

AM   PM

April

10
AM   PM

11
AM   PM

12
AM   PM

13
AM   PM

April

14
AM | PM

15
AM | PM

16
AM | PM

17
AM | PM

April

18

AM   PM

19

AM   PM

20

AM   PM

21

AM   PM

April

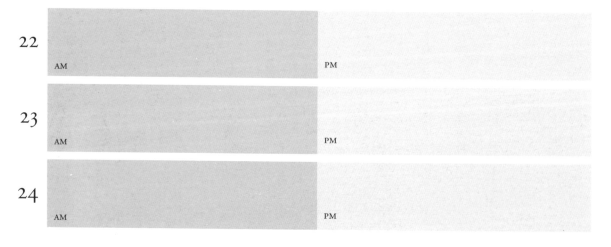

22   AM   PM

23   AM   PM

24   AM   PM

April

25

AM

PM

26

AM

PM

April

27

AM

PM

28

AM

PM

29

AM

PM

30

AM

PM

May

1

AM

PM

2

AM

PM

3

AM

PM

4

AM

PM

May

5

AM   PM

6

AM   PM

7

AM   PM

8

AM   PM

May

9

AM   PM

10

AM   PM

11

AM   PM

12

AM   PM

13

AM   PM

14

AM   PM

15

AM   PM

16

AM   PM

17

AM   PM

May

18
AM   PM

19
AM   PM

20
AM   PM

21
AM   PM

May

22

AM   PM

23

AM   PM

24

AM   PM

25

AM   PM

May

26

AM

PM

27

AM

PM

28

AM

PM

29

AM

PM

30

AM

PM

31

AM

PM

May

June

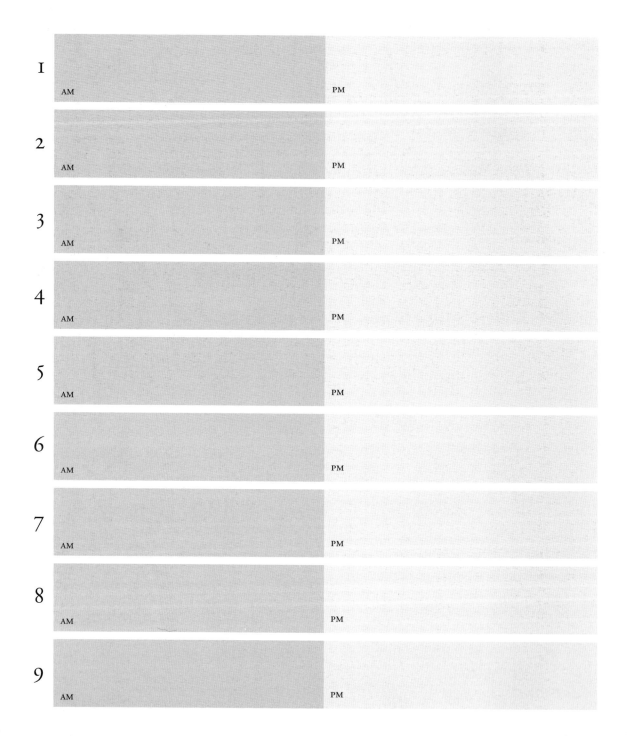

1
AM   PM

2
AM   PM

3
AM   PM

4
AM   PM

5
AM   PM

6
AM   PM

7
AM   PM

8
AM   PM

9
AM   PM

June

10

AM   PM

11

AM   PM

12

AM   PM

13

AM   PM

June

14   AM   PM

15   AM   PM

16   AM   PM

17   AM   PM

18   AM   PM

19   AM   PM

20   AM   PM

21   AM   PM

22   AM   PM

June

23
AM | PM

24
AM | PM

25
AM | PM

26
AM | PM

June

27

AM   PM

28

AM   PM

29

AM   PM

30

AM   PM

June

Notes

July

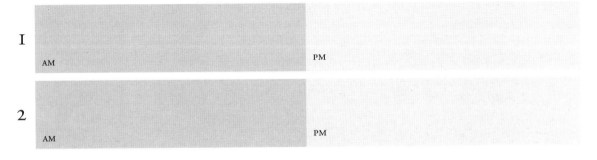

1

AM PM

2

AM PM

July

3

AM | PM

4

AM | PM

5

AM | PM

July

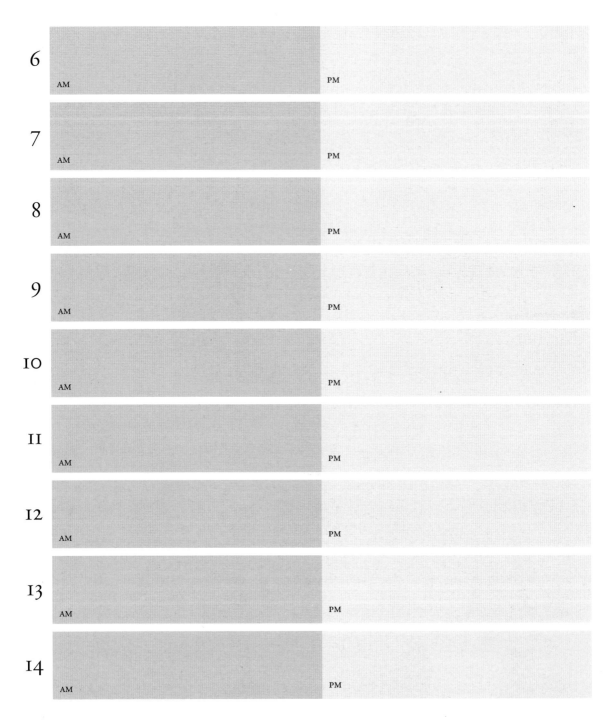

6
AM   PM

7
AM   PM

8
AM   PM

9
AM   PM

10
AM   PM

11
AM   PM

12
AM   PM

13
AM   PM

14
AM   PM

July

15
AM
PM

16
AM
PM

17
AM
PM

July

18
AM   PM

19
AM   PM

20
AM   PM

July

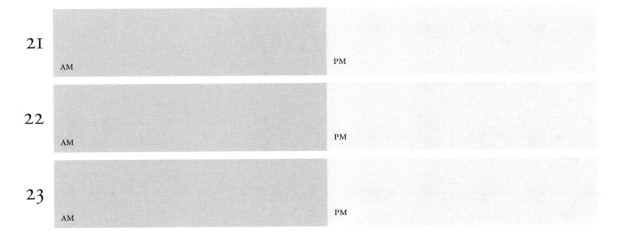

21
AM
PM

22
AM
PM

23
AM
PM

July

24

AM   PM

25

AM   PM

26

AM   PM

27

AM   PM

28

AM   PM

29

AM   PM

30

AM   PM

31

AM   PM

July

August

1

AM   PM

2

AM   PM

3

AM   PM

4

AM   PM

August

5		
AM		PM

6		
AM		PM

7		
AM		PM

8		
AM		PM

August

9
AM

PM

10
AM

PM

11
AM

PM

12
AM

PM

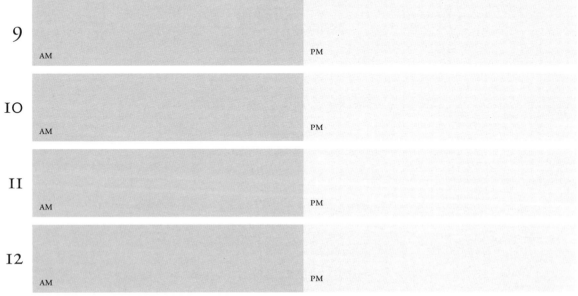

August

13

AM   PM

14

AM   PM

15

AM   PM

16

AM   PM

August

17

AM

PM

18

AM

PM

19

AM

PM

20

AM

PM

August

21

AM   PM

22

AM   PM

23

AM   PM

24

AM   PM

August

25

AM   PM

26

AM   PM

27

AM   PM

28

AM   PM

29

AM   PM

30

AM   PM

31

AM   PM

August

1

AM   PM

2

AM   PM

3

AM   PM

4

AM   PM

5

AM   PM

6

AM   PM

7

AM   PM

8

AM   PM

9

AM   PM

September

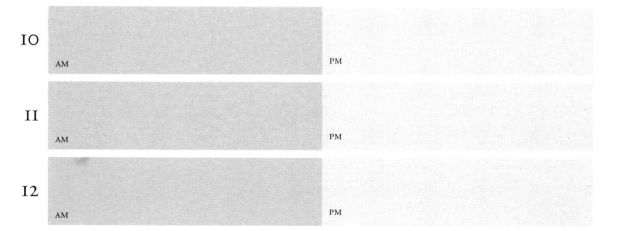

10   AM   PM

11   AM   PM

12   AM   PM

September

13
AM   PM

14
AM   PM

15
AM   PM

September

16
AM
PM

17
AM
PM

18
AM
PM

September

19

AM   PM

20

AM   PM

21

AM   PM

September

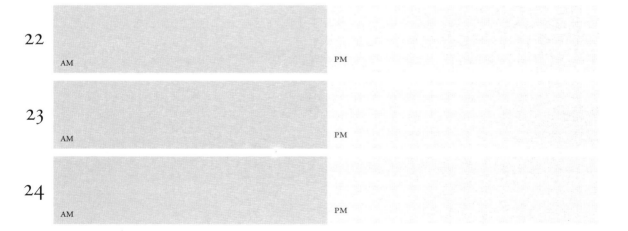

22

AM   PM

23

AM   PM

24

AM   PM

September

25

AM   PM

26

AM   PM

27

AM   PM

28

AM   PM

29

AM   PM

30

AM   PM

September

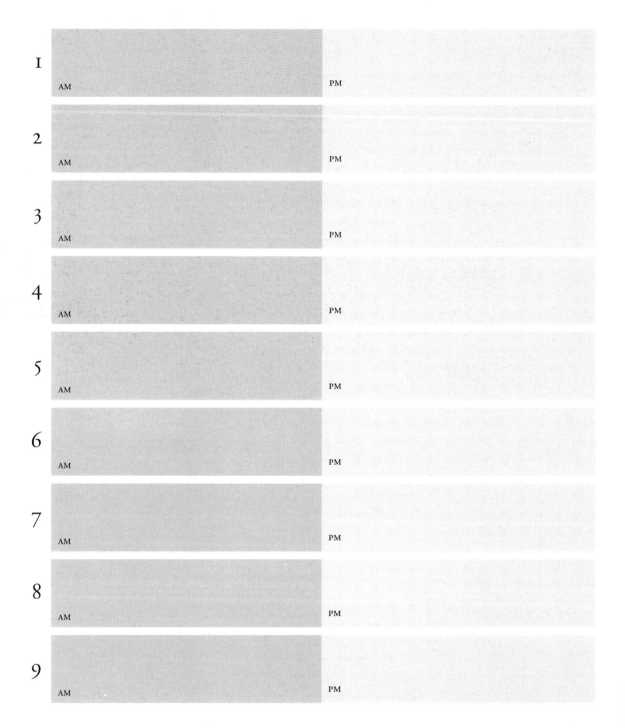

1
AM PM

2
AM PM

3
AM PM

4
AM PM

5
AM PM

6
AM PM

7
AM PM

8
AM PM

9
AM PM

October

10

AM   PM

11

AM   PM

12

AM   PM

13

AM   PM

October

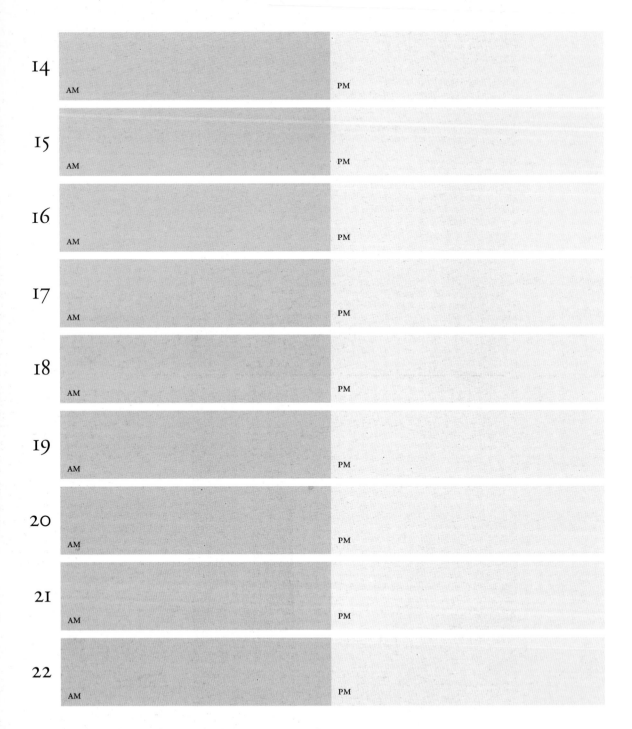

14

AM   PM

15

AM   PM

16

AM   PM

17

AM   PM

18

AM   PM

19

AM   PM

20

AM   PM

21

AM   PM

22

AM   PM

October

23		
AM		PM

24		
AM		PM

25		
AM		PM

October

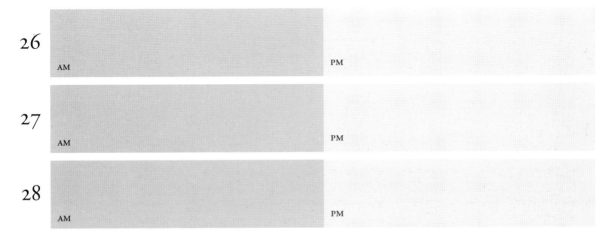

26   AM   PM

27   AM   PM

28   AM   PM

October

29

AM · PM

30

AM · PM

31

AM · PM

October

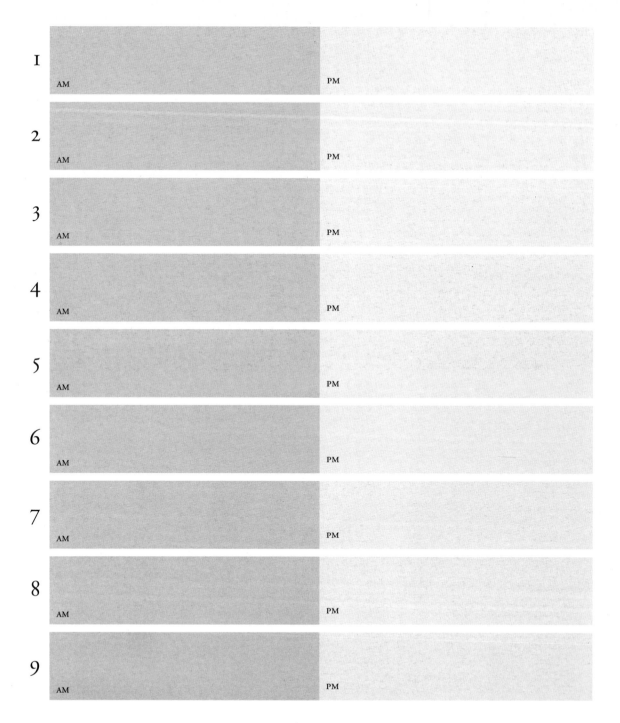

1

AM   PM

2

AM   PM

3

AM   PM

4

AM   PM

5

AM   PM

6

AM   PM

7

AM   PM

8

AM   PM

9

AM   PM

November

10
AM   PM

11
AM   PM

12
AM   PM

November

13
AM · PM

14
AM · PM

15
AM · PM

16
AM · PM

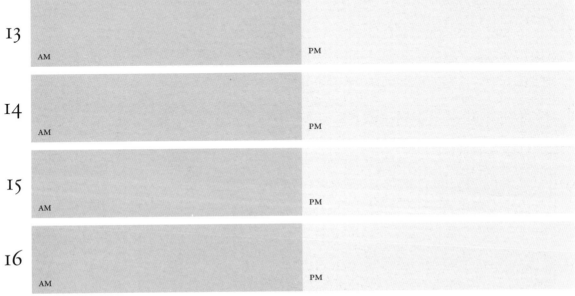

November

17

AM   PM

18

AM   PM

19

AM   PM

20

AM   PM

November

21
AM
PM

22
AM
PM

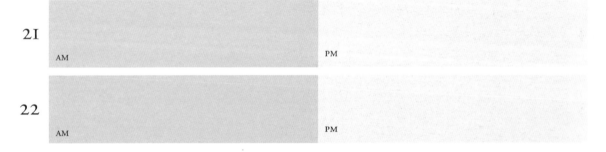

November

23
AM PM

24
AM PM

25
AM PM

November

26

AM   PM

27

AM   PM

28

AM   PM

29

AM   PM

30

AM   PM

November

December

I

AM PM

2

AM PM

3

AM PM

4

AM PM

December

5

AM   PM

6

AM   PM

7

AM   PM

8

AM   PM

December

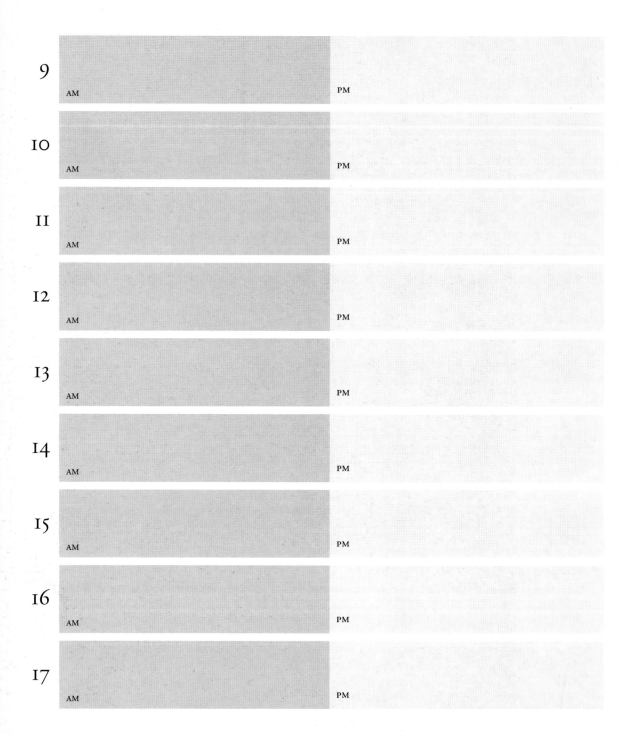

9
AM   PM

10
AM   PM

11
AM   PM

12
AM   PM

13
AM   PM

14
AM   PM

15
AM   PM

16
AM   PM

17
AM   PM

December

18   AM   PM

19   AM   PM

20   AM   PM

21   AM   PM

December

22		
	AM	PM

23		
	AM	PM

24		
	AM	PM

25		
	AM	PM

December

26

AM

PM

27

AM

PM

28

AM

PM

29

AM

PM

30

AM

PM

31

AM

PM

December

British Library Cataloguing-in-Publication Data

A catalogue record for this book is available from the
British Library

ISBN 0-500-95047-4

Printed and bound in Spain